**Know** conocimiento · saber · inteligencia

# NuesTRo CUERPO
## por dentro y por fuera

UNA FORMA DIFERENTE DE
CONOCER SU FUNCIONAMIENTO

LIBSA

# Así funciona NUESTRO CUERPO

Todos conocemos nuestro cuerpo por fuera y distinguimos que está formado por tres partes muy diferentes: la cabeza, el tronco, que incluye el tórax y el abdomen, y las extremidades, que agrupan los brazos y las piernas. Pero, ¿cómo es por dentro?

## Una MÁQUINA PERFECTA

Nuestro cuerpo es una maquinaria compleja formada por cientos de billones de minúsculas piezas a las que llamamos células. Estas células se reúnen en grupos o tejidos para realizar trabajos diferentes. A su vez, los tejidos se combinan para formar los órganos y estos se reúnen en aparatos o sistemas.

### EL MOVIMIENTO

Nos movemos gracias al trabajo de los huesos y los músculos.

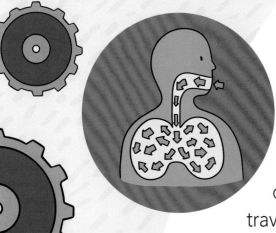

### La RESPIRACIÓN

Para que los pulmones puedan funcionar necesitan la energía, el oxígeno y los nutrientes que les lleva la sangre a través del sistema circulatorio.

### La ENERGÍA

Y esos nutrientes de la sangre, ¿de dónde proceden? Pues de los alimentos que comemos y que transforma el aparato digestivo, y del oxígeno que conseguimos a través del sistema respiratorio.

# Mi SaluD e HiGiENE

Podemos ayudar a que nuestro cuerpo se mantenga sano y funcione bien adoptando una serie de hábitos: incluir todos los tipos de alimentos en nuestras comidas, ¡no te olvides de las frutas y las verduras!; practicar cualquier tipo de deporte o actividad física; dedicar tiempo a jugar con los amigos y amigas; dormir mucho para despertar llenos de energía y, por supuesto, mantener diariamente una buena higiene. ¡Tu cuerpo estará feliz!

## EL JEFE

Para controlar y dirigir todas estas funciones está el sistema nervioso, que también se encarga de interpretar los estímulos que nos llegan del exterior y que captamos a través de los órganos de los sentidos y de la piel, que es nuestra envoltura externa.

## LOS DESECHOS

Lo que nuestro cuerpo no puede utilizar lo expulsamos al exterior a través del pis y la caca.

## DAR VIDA

Es el trabajo del aparato reproductor, que no es igual en las niñas que en los niños. Además, el de las niñas, cuando son mayores, sirve de refugio al bebé hasta que es lo suficientemente grande para nacer.

Si quieres saber más sobre cómo son, cómo funcionan y cómo debes cuidar cada uno de tus aparatos y sistemas, continúa leyendo este libro. ¡Comencemos el viaje por el interior de nuestro cuerpo!

# Los HUESOS

El esqueleto forma el armazón de nuestro cuerpo; sin él, pareceríamos blanditos, como de gelatina. El esqueleto está formado por los huesos, que son piezas duras, rígidas y resistentes que, además de dar forma al cuerpo y soportar su peso, protegen nuestros órganos más delicados, como los pulmones, el cerebro o el corazón.

## Así se unen...

Las **articulaciones** son los puntos donde se unen los huesos. Actúan como **bisagras** que hacen posible que doblemos las **rodillas** o movamos las **manos**. Aunque también hay **articulaciones fijas**, que no permiten ningún movimiento, como las que unen los huesos del **cráneo**, pero que son muy importantes para el crecimiento.

¿Quién tiene más **huesos en el cuello**, tú o la **jirafa**? ¡Tenéis los mismos, **siete**, pero los de ella son mucho más **grandes**!

Un bebé tiene **300 huesos**, mientras que un adulto tiene **206**. ¿Qué ha ocurrido? Muy sencillo: algunos huesos se van uniendo durante el crecimiento.

# ¿Cómo es nuestro ESQUELETO?

Nuestro esqueleto está formado por huesos, que están hechos de tejido óseo, un material muy duro y cinco veces más resistente que el acero, pero no demasiado pesado. Más de la mitad de este tejido está compuesto de sales minerales, especialmente de calcio. Fíjate cuáles son:

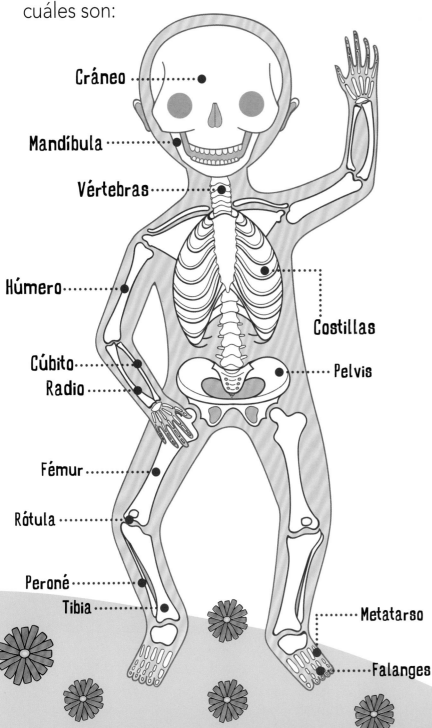

- Cráneo
- Mandíbula
- Vértebras
- Húmero
- Cúbito
- Radio
- Fémur
- Rótula
- Peroné
- Tibia
- Costillas
- Pelvis
- Metatarso
- Falanges

## CRECEN y CRECEN

Los huesos son órganos vivos que crecen de tamaño de dos formas:

**De largo**: cuando nacemos, los huesos conservan unas zonas flexibles y elásticas, aún no endurecidas, que se estiran y alargan durante el crecimiento hasta que se «agotan».

**De grosor**: los huesos también se hacen más gruesos a base de añadir nuevas capas de tejido óseo.

¡CRASH!

# ¡Ay, mi huesito!

Aunque los huesos son **muy fuertes**, también se pueden **romper** si sufres alguna **mala caída**. Entonces el médico tiene que colocarlo y envolver la zona con **escayola (yeso)** para inmovilizar el hueso y que la parte rota vuelva a unirse. Mientras tanto, haz solo los **ejercicios** que te recomiende el médico y come alimentos con mucho calcio y vitamina D, como leche, yogur, queso, huevo, espinacas y pescado. ¡Pronto tu hueso estará curado!

# ¡Cuidado con las posturas!

Los huesos también necesitan que los cuides y hacerlo es muy fácil, solo tienes que seguir unos cuantos **consejos**:

- **¡Siéntate bien!** Seguro que eso lo has escuchado muchas veces y es que sentarse correctamente evitará que te duela la espalda. Mantén la **espalda bien apoyada en el respaldo**, y con las nalgas que lleguen hasta el fondo del asiento. Las piernas deben estar un poco separadas y los pies completamente apoyados en el suelo.

# ¡Esa MOCHILa!

No metas demasiadas cosas en tu mochila escolar. El **peso excesivo** produce dolores de espalda y, a veces, daños en la **columna vertebral**. Una solución puede ser usar una **mochila con ruedas**.

## ¡APRENDE A REPARTIR EL PESO!

- **¡Ponte derecho!** Camina con la **espalda recta** y no eches los hombros hacia delante, así facilitarás la respiración. Al mismo tiempo, balancea ligeramente los brazos a los lados, pero sin que parezca que estás desfilando.

- **¡A dormir!** Procura que el cuello quede bien apoyado en la **almohada** y que los hombros descansen sobre el colchón.

# ¡HUESOS FUERTES!

**Calcio:** come alimentos ricos en calcio, como leche, yogur, queso, huevos y legumbres.

**Vitamina D:** es necesaria para que el calcio se fije en los huesos. Come salmón o atún y juega al aire libre, porque el sol también ayuda a que tu cuerpo produzca esa vitamina.

**Ejercicio físico:** practica algún deporte y camina para que tus articulaciones estén «engrasadas» y funcionen bien. ¡A correr!

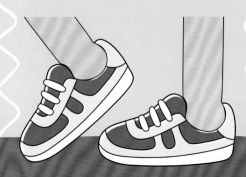

# Los MÚSCULOS

Podemos sonreír, pedalear, guiñar el ojo, cruzar los brazos y las piernas… porque tenemos un conjunto de músculos que están unidos a nuestros huesos, los recubren y «tiran» de ellos al contraerse (encogerse) y al relajarse (estirarse). Huesos y músculos trabajan juntos para que nos movamos, hagamos gestos y cambiemos de postura.

¡El **tamaño** engaña! Una pequeña **oruga** tiene alrededor de **2 000 músculos**, mientras que nosotros, siendo mucho más grandes, tenemos unos **600**.

La **lengua** es un **músculo pequeño**, pero es el más **fuerte** de nuestro cuerpo.

## Y los tendones...

Son bandas de un **tejido** muy resistente que se sitúan en los extremos de los músculos y sirven para unirlos a los huesos. Desempeñan un papel muy importante en el **movimiento**, ya que son los encargados de **transmitir la fuerza** que desarrolla el músculo hasta el hueso y tirar de él para que se mueva.

# ¿Qué forma tienen?

La forma de cada músculo de nuestro cuerpo depende de la función que desempeña:

- Brazos y piernas: son gruesos y fuertes.
- Cabeza: son planos y anchos.
- Pecho: parecen un abanico.
- Ojos y labios: tienen forma de ojal.
- Orificio anal y de la orina: son circulares.

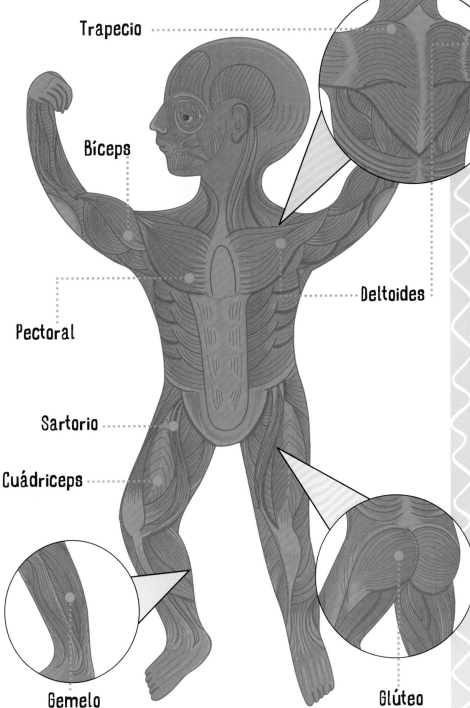

Trapecio

Bíceps

Pectoral

Sartorio

Cuádriceps

Deltoides

Gemelo

Glúteo

# Dos tipos

En nuestro cuerpo hay dos tipos de músculos:

**Voluntarios:** los que llamamos «carne»; están unidos a los huesos o la piel y se mueven rápidamente cuando tú quieres, por ejemplo, para lanzar una pelota.

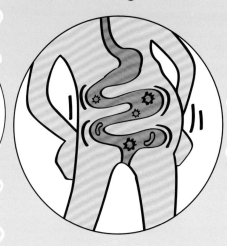

**Involuntarios:** recubren algunos órganos internos; sus movimientos son más lentos y no dependen de tu voluntad. Por ejemplo, los que forman las paredes del aparato digestivo y hacen avanzar los alimentos durante la digestión.

# Muévete para estar sano

Practicar **deporte** fortalece y desarrolla los **músculos**, además de volverlos más **elásticos**, y así responden mejor a los **estiramientos continuos** que se les exige. Todos los deportes ayudan a **trabajar** diferentes partes del cuerpo, pero no debemos olvidar que estirar cada una de ellas despúes de cada sesión será muy importante para **evitar lesiones**. ¡Elige el que más te guste, porque todos son buenos!

**El fútbol** aumenta la potencia de los músculos de las **piernas**, los glúteos y los músculos de la cadera.

**El baloncesto** hace ganar en **agilidad**.

**La natación** ejercita toda la **musculatura**, hombros, brazos, piernas y sobre todo la espalda.

# Tengo agujetas

A veces, después de realizar una actividad física a la que no estás acostumbrado, sientes un intenso dolor, como si algo **punzante** se clavase en tu piel. Y es que en tus músculos se han formado verdaderas **agujas de ácido láctico**, que es un compuesto producido por los músculos cuando no disponen de suficiente «combustible» (**oxígeno y azúcar**) para trabajar.

## ¡AAAAAAY!

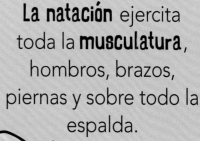

# ¡Vaya calambre!

Si estás corriendo y de repente notas un **calambre** en la pierna, quiere decir que tus músculos te avisan de que **necesitan reposo**. No te asustes: siéntate, **masajea** suavemente la zona y **bebe** agua.

¡UF, ESTOY MUY CANSADO!

Puedes evitar esas molestias siguiendo alguno de estos **consejos**:

• Antes del ejercicio, haz **estiramientos suaves** y progresivos para que los músculos se vayan «calentando». No olvides realizarlos también al finalizar para que los músculos se **relajen**.

• Si ya tienes **agujetas**, aplica calor en la zona dolorida o sumérgela en **agua caliente** y déjala **reposar**. ¡Pronto te sentirás mucho mejor!

# ¡ESO NO!

**Sobrepeso:** si aumentas de peso, lo más probable es que tu cuerpo se fatigue y falle. Lleva una alimentación sana y equilibrada.

**Inactividad:** no pases mucho tiempo sentado delante de la televisión o de la videoconsola; tus músculos irán perdiendo fuerza y tamaño.

**Calzado:** usa un calzado adecuado para cada actividad. Al caminar, pones en movimiento más de 200 músculos diferentes. ¡Mímalos como se merecen!

# El Sistema Circulatorio

El oxígeno que respiramos y la energía y los elementos nutritivos que obtenemos de los alimentos tienen que llegar a todas las partes de nuestro cuerpo para que funcione bien. El encargado de ese transporte es el aparato circulatorio, el vehículo es la sangre y el motor que impulsa toda esa maquinaria, el corazón.

**Venas**

**Arterias**

**Capilares**

## El Corazón... BUM BUM

Es un músculo hueco que **late** sin parar. Su interior está dividido por un tabique en dos partes, derecha e izquierda. Cada parte tiene dos cavidades: una superior o **aurícula (a)** y una inferior o **ventrículo (b)**. Las del mismo lado se comunican por una válvula que se abre y se cierra para dejar pasar la sangre y eso produce el **sonido del latido**.

La sangre circula por tres tipos de **conductos: arterias, venas** y **capilares**. Si los colocásemos todos en fila, ¡darían dos veces la vuelta a la Tierra!

El corazón de un niño late **120 veces** por minuto y el de un adulto, **80 veces**.

# ¿Cómo FUNCIONA?

El corazón bombea la sangre rica en **oxígeno** y **nutrientes** a todo el cuerpo. Los vasos sanguíneos la llevan a las células, recogen lo que a estas no les sirve y regresan de nuevo al corazón llevando una sangre sin oxígeno ni nutrientes, pero con desechos. El corazón impulsa esa sangre «pobre» hacia los pulmones, donde vuelve a oxigenarse. ¡Y vuelta a empezar!

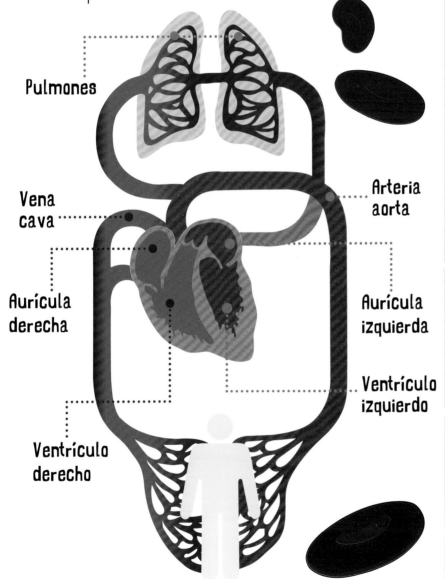

Pulmones

Vena cava

Arteria aorta

Aurícula derecha

Aurícula izquierda

Ventrículo izquierdo

Ventrículo derecho

■ Sangre pobre en oxígeno y rica en $CO_2$

■ Sangre rica en oxígeno y pobre en $CO_2$

## ¿Y LA SANGRE?

Es el «vehículo» que recorre el aparato circulatorio. Está formado por una parte líquida o plasma y varios tipos de células:

**Glóbulos rojos**: su misión es el transporte.

**Glóbulos blancos**: defienden a nuestro cuerpo de las infecciones.

**Plaquetas**: taponan las heridas para cortar las hemorragias.

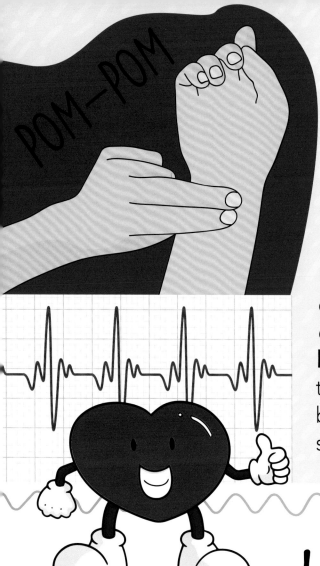

# El PULSO, ¿QUÉ ES?

Si lanzas una piedra a un estanque, ves que en el agua se forman **ondas circulares**. Lo mismo sucede cuando la sangre sale del **corazón**, que se propaga en ondas por las **arterias**. Ese movimiento es el **pulso**, que notas si presionas un poco con los dedos en tu muñeca, en la sien o en el cuello. El pulso aumenta al **hacer ejercicio**, ya que el corazón tiene que **latir más deprisa** para bombear a los músculos toda la sangre que necesitan para moverse.

# Un CORAZÓN CONTENTO

Igual que mantienes en forma el resto de tus músculos, también debes cuidar tu corazón, pues tendrá que **bombear sangre** durante toda tu vida. Para tenerlo contento:

- Practica algún **deporte**, baila o salta a la cuerda. ¡Una hora de **ejercicio** le sentará muy bien!

- Bebe bastante **agua** para que la sangre circule mejor por el corazón y los vasos sanguíneos.

- Come cinco raciones de **fruta** y **verdura** al día.

- Duerme al menos **9 horas diarias**. Te ayudará a que tu corazón funcione mejor, ya que durante el sueño necesita latir menos veces.

- Al menos dos veces por semana, come **pescado azul**: muy nutritivo y saludable.

- Evita los **refrescos azucarados** y los alimentos con mucha grasa. Tampoco comas demasiados **dulces** y **golosinas**.

# ¡AL ataque!

Cuando algún virus o bacteria entra en tu cuerpo y te pones enfermo, los **glóbulos blancos** de tu sangre se ponen en marcha inmediatamente, atacan a los **gérmenes invasores** y los destruyen.

¡FUERA!

Para saber si tu corazón está **fuerte** y lo cuidas bien, el médico te coloca en el pecho un aparato llamado **estetoscopio**. ¡Qué frío está! Con este aparato se escucha si los **latidos del corazón** se producen de forma regular y al ritmo adecuado.

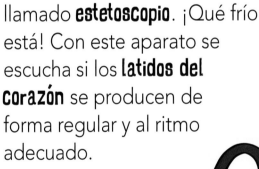

¡UN CORAZÓN SANO!

# CUIDA las HERIDAS

**Limpia la herida** suavemente con agua y jabón para arrastrar la suciedad. Utiliza una gasa, ¡nunca algodón!

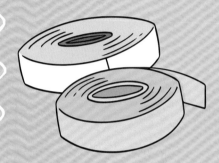

Aplica algún **producto** que evite que se **infecte** la **herida**.

Cúbrela con un **apósito** o venda adhesiva para evitar los **roces**.

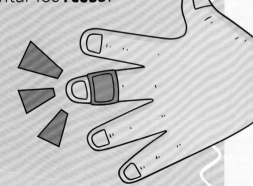

# El aparato Respiratorio

Cuando hablamos, inflamos un globo, suspiramos, o simplemente cada día, sin darnos cuenta, utilizamos nuestros pulmones, que son los encargados de la respiración. Son los órganos más grandes de nuestro cuerpo y trabajan con el aparato respiratorio para permitirnos recoger aire fresco y deshacernos del aire viciado.

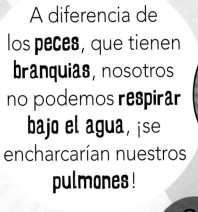

A diferencia de los **peces**, que tienen **branquias**, nosotros no podemos **respirar bajo el agua**, ¡se encharcarían nuestros **pulmones**!

## En el aire...

Aunque no podemos verlo, el **aire** que respiramos está compuesto de **varios gases**. El **oxígeno** ($O_2$) es el más importante para vivir porque las **células** del cuerpo lo necesitan para obtener energía y crecer. ¡Sin él se morirían! El oxígeno procede de la atmósfera y lo producen los árboles y las plantas.

¿Sabes que **respiramos** unos **5-6 litros** de aire por minuto y lo hacemos **20 000 veces** al día?

# ¿Cómo FUNCIONA?

El aparato respiratorio es el conjunto de órganos y músculos que se encarga de captar el oxígeno del ambiente. En cada respiración, **inspiramos** aire a través de los orificios nasales y la boca, con ese aire llenamos los **pulmones** y luego los vaciamos al **espirar**. Estos son los órganos que intervienen:

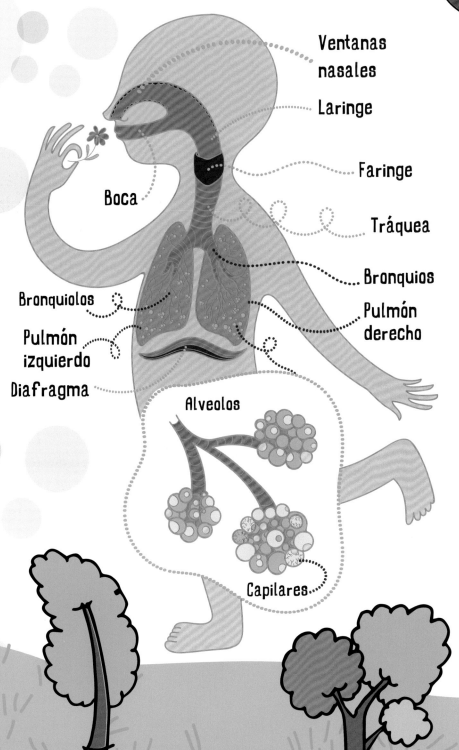

- Ventanas nasales
- Laringe
- Faringe
- Tráquea
- Bronquios
- Pulmón derecho
- Boca
- Bronquiolos
- Pulmón izquierdo
- Diafragma
- Alveolos
- Capilares

**1**

**Inspiración:** inhalamos profundamente por la nariz o la boca. ¡La tripita se infla como un globo!

**2**

**Espiración:** exhalamos (expulsamos el aire) por la nariz o la boca. ¡Ahora la tripita se desinfla como un acordeón!

# ¿Por la NARIZ o por la BOCA?

La puerta de entrada natural del aire que respiramos es la **nariz,** ya que su función es la de **humidificar, calentar** y **purificar** el aire inhalado, y es la primera barrera de defensa natural. Por ello debemos respirar por la nariz de día y de noche, ¡las **24 horas** del día!; respirar por la boca no es lo aconsejable.

¡CIERRA LA BOCA PARA DORMIR!

# El HIPO, ¿qué es?

Es un **movimiento involuntario** del **diafragma** (músculo que se emplea para respirar), que se contrae de forma súbita en medio de una respiración normal. Estos espasmos van seguidos de un **cierre de las cuerdas vocales**, que dan lugar a un **sonido particular**.

Para quitar este incómodo sonido podemos estornudar, toser, beber un vaso de agua o aprender a relajarnos con la **respiración**:

La relajación se puede practicar en **grupo** o en **familia**. Para empezar:

- Siéntate en una **posición cómoda**, con un pequeño **cojín** en la cabeza.
- Baja las **luces** y pon **música relajante**.

HIP HIP

# ¡Tengo tos!

**¡COF, COF!**

La tos es un mecanismo de defensa para mantener libres las **vías respiratorias** y eliminar la **mucosidad**. Aún así es muy molesta, y podemos combatirla con distintos **remedios caseros**.

LA MIEL CON CÍTRICOS ES UN BUEN REMEDIO PARA LA TOS

Antes de iniciar la respiración, coloca una **mano** en el **pecho** y otra en el **estómago**, para sentir los diferentes movimientos del cuerpo. Luego repetiremos los pasos de **inspiración** y **espiración**, pero soltando el aire poco a poco y muy despacio.

¡HA DESAPARECIDO!

# ENEMIGOS DE LOS PULMONES

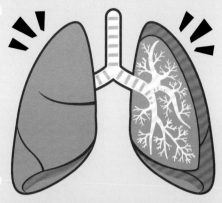

**Bacterias:** son las responsables de algunas enfermedades infecciosas.

**Tabaco:** ¡huele fatal! y además es muy dañino para nuestro organismo, especialmente para el aparato respiratorio.

**Gas de ozono:** es un gas nocivo y contaminante que desprenden los coches y puede irritar las vías respiratorias causando tos.

# El aparato digestivo

Correr, jugar, incluso dormir, son actividades para las que nuestro cuerpo necesita energía. ¿Cómo la conseguimos? Con los alimentos. ¡Tenemos que comer para realizar cualquier actividad! El aparato digestivo es el encargado de transformar esos alimentos en sustancias que nuestras células pueden convertir en energía para movernos.

## ¡Tengo Hambre!

Cuando llevamos un tiempo sin comer, nuestro estómago empieza a producir **jugos gástricos** y escuchamos esos ruiditos en la tripa que nos avisan de que **necesita alimento**. Aunque más importante que comer es beber agua: una persona puede permanecer hasta 25 días sin comer, ¡pero solo 4 o 5 sin beber agua!

La energía obtenida de los **alimentos** también sirve para que mantengamos constante la **temperatura** del cuerpo entre 36,5 y 37 ºC.

ÑAM ÑAM

¿Sabes que los ácidos que produce el **estómago** son tan fuertes que podrían **desintegrar** una lámina de aluminio?

# ¿Cómo Funciona?

El aparato digestivo está formado por un largo tubo muscular en el que los alimentos son machacados, triturados y aplastados, y una serie de glándulas que segregan los jugos necesarios para transformarlos en sustancias que el cuerpo pueda utilizar. Estos son los órganos que intervienen:

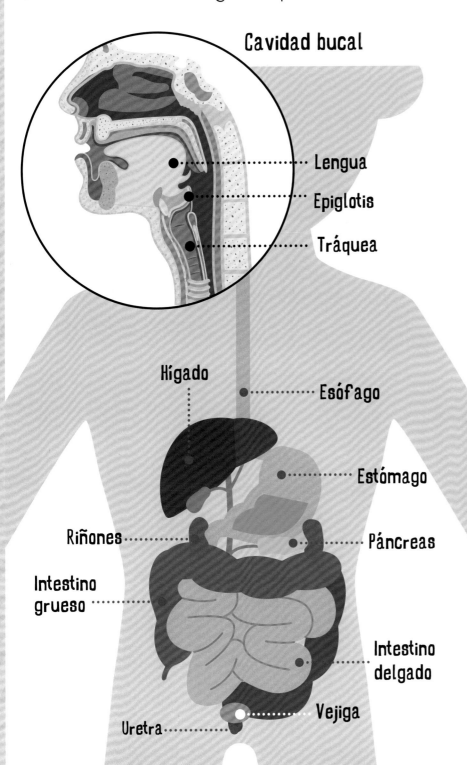

Cavidad bucal

Lengua

Epiglotis

Tráquea

Hígado

Esófago

Estómago

Riñones

Páncreas

Intestino grueso

Intestino delgado

Uretra

Vejiga

**1**

**Deglución**: los alimentos entran en la boca, son triturados por los dientes, pasan a través del esófago y llegan al estómago.

**2**

**Digestión**: los jugos producidos por el estómago, el hígado, el páncreas y el intestino delgado, los transforman en sustancias más simples.

**3**

**Absorción**: las sustancias aprovechables pasan a través de las paredes del intestino delgado y llegan a las células por la sangre.

# ¿Y lo que NO SIRVE?

Nuestro cuerpo no puede aprovechar todo lo que comemos, ya que hay partes de los alimentos que el **aparato digestivo** es incapaz de transformar. Esas partes no aprovechables se convierten en **excrementos (caca)** en el **intestino grueso** y se expulsan al exterior por el **ano**. Además, el cuerpo también elimina, a través de la **orina (pipí)** y el **sudor,** los líquidos y gases que genera el funcionamiento de sus células.

CACA

PIPÍ

# Sigue unos buenos HÁBITOS

Comer y beber es necesario, pero nunca hay que hacerlo en **exceso**. Es mejor que te quedes con un **poquito de hambre** a que sientas la barriguita muy llena.
Para no tener molestias, sigue estos consejos:

- **Mastica muy bien** los alimentos. Así el estómago tendrá que trabajar un poco menos.
- Come siempre a las mismas horas y **no picotees**, que el aparato digestivo también tiene que descansar.
- **Bebe** líquidos y come frutas y verduras.
- **Cepíllate los dientes** después de cada comida y visita al dentista cada seis meses.

# ¡Me atraganto!

Al final de la boca está la **epiglotis**, una pequeña tapa que se cierra cuando tragamos para que los alimentos no entren en las **vías respiratorias**. Si por algún motivo no se cierra, ¡ay, me atraganto y toso!

## ¡ES MEJOR COMER DESPACIO!

Muchas veces, las **ganas de vomitar** son una respuesta del aparato digestivo ante un **exceso de comida**. ¡El estómago no puede con todo! Aunque también se producen por algo que nos da **asco**, por un **olor o un sabor desagradable** o debido a un **movimiento excesivo**.

• No realices **ejercicio** después de comer; si no, puede que sientas molestias. Es mejor que estés **tranquilo**, duermas un poco o leas un rato. Si tienes **dolor de tripa,** puedes aliviarlo con un **masaje** haciendo círculos sobre la zona **sin apretar** demasiado fuerte.

# COMER sano

Una alimentación saludable y variada que incluya legumbres, arroz y pasta, verduras, carne, pescado, huevos, fruta y agua es lo mejor para crecer fuerte y sano.

¿Y las golosinas, los helados y los dulces? Cómelos solo de vez en cuando, porque no son buenos para el cuerpo.

## ¡QUÉ DOLOR!

# El SiSTEMa NERViOSO

Igual que un director de orquesta organiza a los músicos para que ejecuten su parte de la melodía cuando corresponda, el sistema nervioso coordina todas las funciones de nuestro cuerpo para que se desarrollen correctamente. Además, recibe los «mensajes» que llegan del exterior y elabora una respuesta en forma de orden para que los órganos y los músculos actúen.

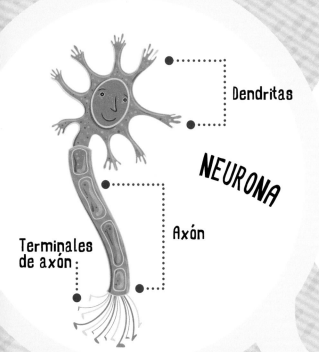

Dendritas

NEURONA

Axón

Terminales de axón

## La neurona MENSAJERA

Las células del **sistema nervioso** se llaman **neuronas**. Tienen una forma parecida a la de una estrella, con un cuerpo o **soma**, muchas prolongaciones cortas o **dendritas**, por las que llega la **información**, y otra prolongación o **axón**, larga y única, por la que sale y se transmite a otras **neuronas cercanas**.

Los nervios son los **«cables»** del sistema nervioso, los mensajeros que llevan y traen **información** entre nuestros órganos y los centros nerviosos.

Si pusiéramos en fila todas las **neuronas** de nuestro cerebro, llegarían desde la **Tierra** a la **Luna**.

# ¿Cómo FUNCIONA?

La información que captan los órganos de los sentidos y la que viene de nuestros órganos llega al **encéfalo** (**cerebro**, **cerebelo** y **bulbo raquídeo**) por los nervios. Allí, esa información se «traduce» y se elabora una respuesta que circula por la «autopista» de la **médula espinal**, y los **nervios** periféricos la llevan a su destino.

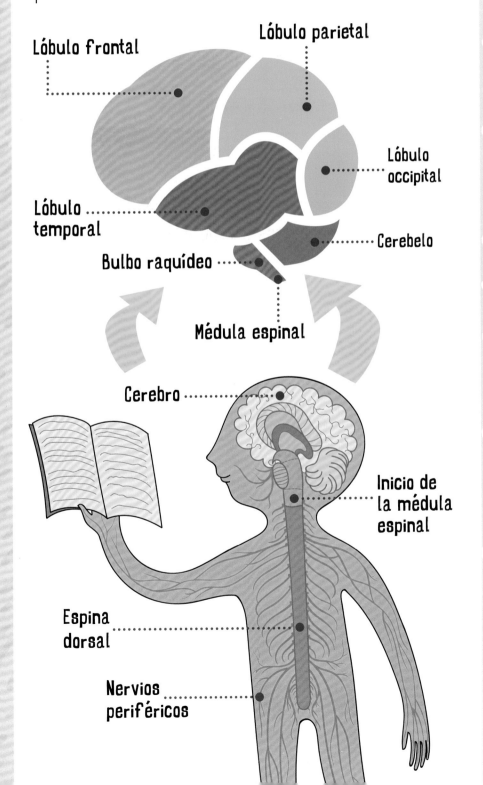

Lóbulo frontal

Lóbulo parietal

Lóbulo occipital

Lóbulo temporal

Cerebelo

Bulbo raquídeo

Médula espinal

Cerebro

Inicio de la médula espinal

Espina dorsal

Nervios periféricos

El cerebro recibe información y la traduce en sensaciones; envía respuesta a los músculos para los movimientos voluntarios; es el centro de los recuerdos y las emociones. Se divide en dos hemisferios, el izquierdo (1) y el derecho (2):

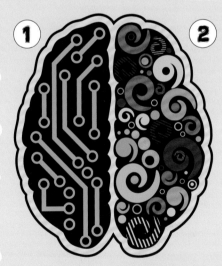

Los últimos estudios muestran que **no** hay **actividades** que se den en un hemisferio concreto, sino que **para casi todo usamos** prácticamente **el cerebro completo.**

# MEMORIA de ELEFANTE

La **memoria** es tu capacidad para almacenar cualquier **información** y **recordarla** más tarde. Naces con ella, pero es a partir de los 3 años cuando empiezas a desarrollarla más, ya que la memoria está muy relacionada con la atención y la observación. Una forma de estimularla es con **juegos de memoria** y repitiendo las cosas nuevas que has aprendido.

EL ELEFANTE ES CAPAZ DE SEGUIR RECORRIDOS DE MUCHOS KILÓMETROS ¡SOLO CON EL RECUERDO QUE TIENE EN LA MEMORIA!

# La INTELIGENCIA, ¿qué es?

Es la capacidad que tienes para **entender, razonar, aprender, crear y resolver** problemas. Naces con esa capacidad, pero puedes desarrollarla más estimulando cada parte del cerebro.

¡EJERCÍTALA!

¡Ponte retos! Prueba a hacer cosas nuevas sin ayuda.

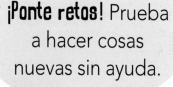

¡Inventa! Reúne piezas de un juego de **construcciones** y haz algo nuevo con ellas.

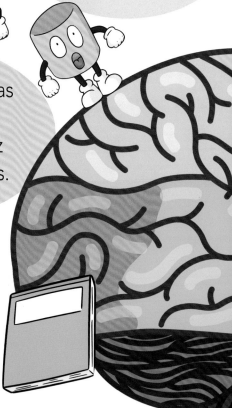

Haz **crucigramas**; aprenderás nuevas **palabras** y su **significado**.

# ¿Cómo me siento?

Es normal **sentir emociones** como **enfado**, **alegría** o **tristeza**. Tu cerebro las regula todas, tanto las buenas como las malas, pero procura concentrarte en las que te hagan **feliz**.

## ¡APRENDE A DISFRUTAR!

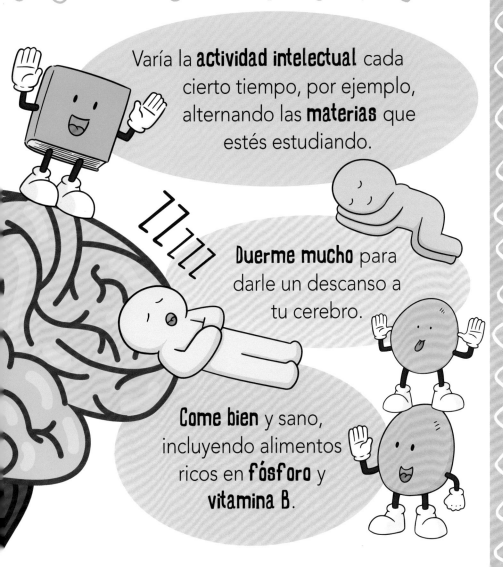

Varía la **actividad intelectual** cada cierto tiempo, por ejemplo, alternando las **materias** que estés estudiando.

**Duerme mucho** para darle un descanso a tu cerebro.

**Come bien** y sano, incluyendo alimentos ricos en **fósforo** y **vitamina B**.

# EL SECRETO DEL CHOCOLATE

¿Alguna vez te has preguntado por qué el chocolate resulta tan irresistible?

El motivo es que el cacao favorece la liberación de una sustancia en tu cerebro que genera una agradable sensación de placer. Pero, ¡cuidado! Esa sustancia también crea la necesidad de comer más y más chocolate... ¡Qué peligro!

# Los SENTIDOS

Imágenes, sonidos, olores, sabores, texturas… son sensaciones que llegan a nosotros desde el exterior. Las reciben los órganos de los sentidos (ojos, oídos, nariz, lengua, piel) y las transmiten a nuestro cerebro, que reúne e interpreta esa información.

## ① Vista

Nuestros ojos funcionan como una cámara fotográfica muy precisa que percibe la luz, las formas y los colores.

## ② Olfato

Se localiza en nuestra nariz y es el sentido encargado de percibir los olores: buenos y ¡también malos!

## ③ Oído

¿Me escuchas? El oído nos sirve para percibir los sonidos y se encarga de que mantengamos el equilibrio.

## ④ Gusto

Su función es percibir y diferenciar los sabores y ese trabajo lo realizan las papilas gustativas de la lengua.

## ⑤ Tacto

Gracias a él podemos saber si los objetos son blandos o duros, fríos o calientes, lisos o rugosos.

# ¿Cómo FuncioNan?

Todos los órganos de los sentidos cuentan con células especiales para captar las sensaciones de nuestro entorno. Mira cuáles son sus partes:

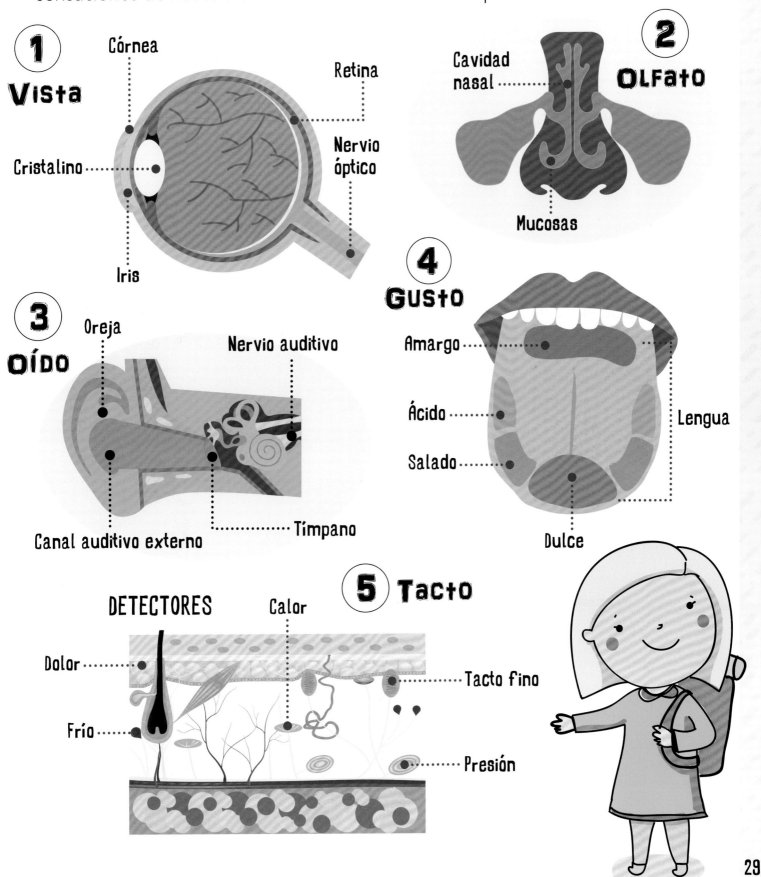

**1 Vista**
- Córnea
- Retina
- Cristalino
- Nervio óptico
- Iris

**2 Olfato**
- Cavidad nasal
- Mucosas

**3 Oído**
- Oreja
- Nervio auditivo
- Canal auditivo externo
- Tímpano

**4 Gusto**
- Amargo
- Ácido
- Salado
- Lengua
- Dulce

**5 Tacto**

DETECTORES
- Calor
- Dolor
- Tacto fino
- Frío
- Presión

# ¿POR qué NECESITO gafas?

El **ojo** está formado por varias partes que deben funcionar juntas para que veas bien. Pero a veces **falla** ese trabajo en equipo y no ves bien de lejos o de cerca. Necesitas llevar **gafas**. Recuerda que algunos de tus personajes de ficción favoritos también las llevan, como **Gerónimo Stilton** o **Harry Potter**.

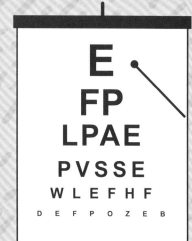

# CuiDa tus SENTIDOS

Para que tus órganos de los sentidos **funcionen bien** y no te produzcan **molestias**, debes cuidarlos y protegerlos siguiendo estos **consejos**. Además, acude periódicamente al **médico** para que los revise.

VISTA  OLFATO OÍDO

|  | VISTA | OLFATO | OÍDO |
|---|---|---|---|
|  | Protégete los ojos del cloro con gafas de bucear en la piscina. | Procura respirar por la nariz y no por la boca. | Protege tus oídos con un gorro cuando haga frío. |
|  | No mires la televisión, la tablet o el smartphone demasiado cerca y durante mucho tiempo. | No te suenes con fuerza y mejor cada orificio de la nariz por separado. | Procura no escuchar la música a un volumen demasiado alto. |

# ¿Qué es el CERUMEN?

El **cerumen** lo produce tu **oído** de forma natural como protección: sirve para **atrapar polvo**, **suciedad** y **gérmenes**, e impide que te entre agua. De vez en cuando debes eliminar el exceso que se acumula, pero **¡prohibidos los bastoncillos!** Usa un **espray auditivo**.

**GUSTO**

**TACTO**

Cepíllate los dientes después de cada comida.

Dúchate todos los días y lávate las manos antes de las comidas.

Come los alimentos ni muy fríos ni muy calientes, ya que dañan las papilas gustativas de la lengua.

Protégete la piel con una crema solar cuando te expongas al sol.

# EL QUINTO SABOR

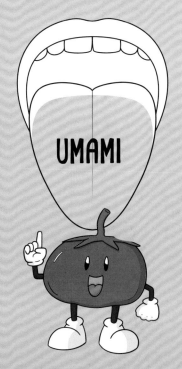

UMAMI

Los alimentos que comes habitualmente te saben dulces, salados, ácidos o amargos. Pero, ¿a qué dirías que saben las setas o el queso? ¡Pues a umami!

Este es el quinto sabor, bautizado con una palabra japonesa que significa «sabroso».

El sabor umami está presente en muchos alimentos, como el tomate (jitomate en Sudamérica), el marisco o la carne cocinada.

# La PIEL, el PELO y las UÑAS

Vamos a comenzar con una adivinanza: ¿cuál es el órgano más grande de nuestro cuerpo? Te vas a sorprender… ¡la piel! Es muy importante y, como si fuera una armadura flexible, cubre todo nuestro cuerpo y lo protege. Además, produce dos estructuras que también cumplen una función protectora: el pelo y las uñas.

## Eficaz CORAZA

Nuestra piel protege al cuerpo del **calor,** el **frío** y el **viento**, manteniendo constante nuestra temperatura, y además actúa como barrera contra los gérmenes que provocan **enfermedades** y las radiaciones perjudiciales del sol. También alberga el sentido del **tacto**, produce el pelo y las uñas y «fabrica» **vitamina D**. ¡Es incansable!

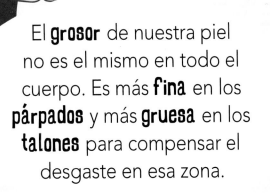

El **grosor** de nuestra piel no es el mismo en todo el cuerpo. Es más **fina** en los **párpados** y más **gruesa** en los **talones** para compensar el desgaste en esa zona.

Los **pliegues** y surcos que forma la piel en la **yema de los dedos** son las **huellas digitales**, ¡son diferentes y únicas en cada uno de nosotros!

# ¿Cómo es la PIEL?

Está formada por **tres capas**: la más exterior o **epidermis**, que se renueva constantemente; la intermedia o **dermis**, donde están los nervios, los vasos sanguíneos, las glándulas productoras del sudor y el sebo y también donde nace el pelo; y la capa más interna o subcutánea, la **hipodermis**, que es una reserva de grasa.

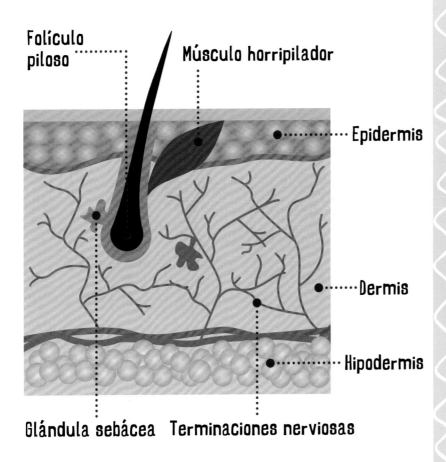

Folículo piloso

Músculo horripilador

Epidermis

Dermis

Hipodermis

Glándula sebácea    Terminaciones nerviosas

## CRECIMIENTO DEL PELO

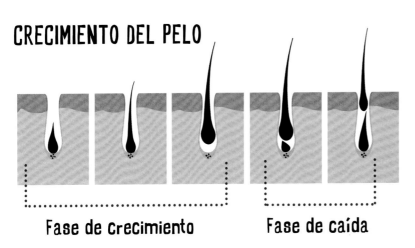

Fase de crecimiento

Fase de caída

# PELO y uñas

**Pelo:** nace en el interior de la piel y sale al exterior como filamentos; su misión es impedir que el polvo y la suciedad se depositen sobre la piel, además de protegernos de la luz y del calor.

**Uñas:** formadas por la queratina, protegen el extremo superior de los dedos de las manos y los pies.

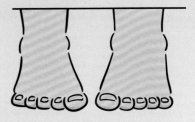

**¿Qué es la queratina?**
La proteína que aporta resistencia al pelo y dureza a nuestras uñas.

# ¿Por qué SUDAMOS?

Tu cuerpo es inteligente y sabe que su **temperatura** no debe subir de **37 °C**. Si sube porque hace calor, has estado **practicando deporte**, tienes **fiebre** o estás muy **asustado**, se pone en marcha un mecanismo para refrescarte: el **sudor**, producido por unas glándulas de la piel y formado básicamente por **agua** y **sales minerales**. ¡Hay que **beber agua** para no **deshidratarse**!

# SENSACIONES en la PIEL

Las diferentes **terminaciones nerviosas** que tienes en tu piel son las que se encargan de comunicarte cómo sientes las cosas, tus **sensaciones**.

Cuando tienes **frío** o **miedo**, el pelo «se pone de punta» porque tira de él un pequeño músculo con el significativo nombre de… ¡**horripilador**!

Tu **piel** tiene un color más **claro** o más **oscuro** dependiendo de la cantidad de una sustancia, llamada **melanina**, que producen unas células especializadas.

# ¡Un mosquito!

Si de repente sientes un **dolor** en la piel y después se **enrojece** y te empieza a **picar,** ¡es que te ha picado un **mosquito**! Lava la zona con agua y jabón y aplica **hielo** o una compresa mojada en **agua fría**.

¡QUÉ DOLOR!

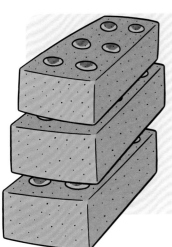

Sientes si las cosas son **ásperas** o **suaves**, **duras** o **blandas**, gracias a las terminaciones nerviosas de Merkel, situadas cerca de la superficie de la piel.

La **sensación de dolor** que tienes cuando te **pinchas** o algo te hace **daño** la captan las terminaciones nerviosas libres que hay en la piel.

# Tipos de pelo

Los pelos de la cabeza son los más largos del cuerpo: crecen alrededor de 1 cm al mes, y, además de protegernos, mantienen el calor.

**Pelo liso**: este tipo de pelo tiene el folículo redondo.

**Pelo rizado**: este tipo de pelo tiene el folículo plano y ovalado.

**Pelo ondulado**: este tipo de pelo tiene el folículo con forma de huevo.

# El aparato REPRODUCTOR

¿Imaginas qué sucedería si no nacieran nuevos bebés? Que nuestra especie desaparecería del planeta. Por eso, todos los organismos vivos, incluidos nosotros, tenemos la capacidad de crear nuevos seres. El encargado de esa tarea es el aparato reproductor, que es diferente en las niñas y los niños.

## Distintos pero IGUALES

Aunque tu **aspecto** sea diferente dependiendo de si eres **niña** o **niño**, vuestras **capacidades físicas e intelectuales** son **iguales**. ¡Los dos sois capaces de hacer todo lo que queráis! También debes tener en cuenta que no hay **juguetes especiales** para niñas y otros para niños. Todos valen si te gustan y te diviertes con ellos.

Nuestro aparato reproductor se desarrolla gracias a las **hormonas**, que son unas sustancias que circulan por la sangre y **regulan** distintas **funciones** de nuestro cuerpo.

No sientas **vergüenza** en preguntar a tus padres o a los profesores cualquier **duda** que tengas relacionada con tu **aparato reproductor**.

# Así Funcionan

Cuando alcanzamos la pubertad, a los 11-12 años, nuestro aparato reproductor comienza a producir unas sustancias llamadas hormonas que son las responsables de los cambios físicos en las niñas y en los niños.

## APARATO REPRODUCTOR FEMENINO

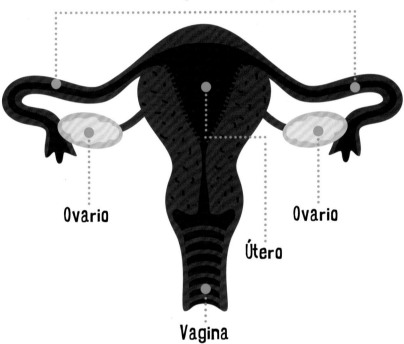

Trompas de Falopio

Ovario

Ovario

Útero

Vagina

## APARATO REPRODUCTOR MASCULINO

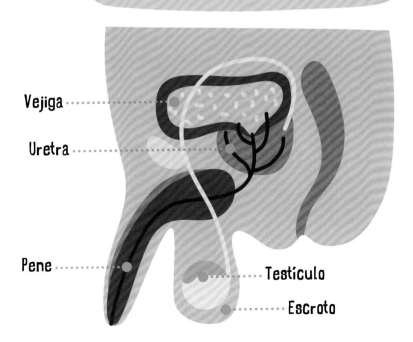

Vejiga

Uretra

Pene

Testículo

Escroto

# Sus CÉLULAS

**Los óvulos**: son las células sexuales femeninas y se forman en los ovarios. Cada mes suele producirse un único óvulo.

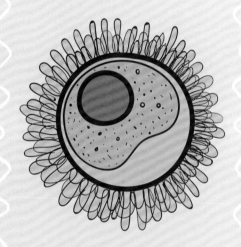

**Los espermatozoides**: son las células sexuales masculinas que fabrican los dos testículos, que están alojados dentro de una bolsa o escroto. Se producen millones cada día.

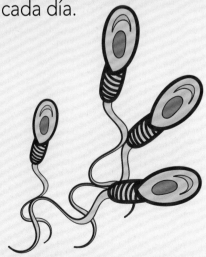

# ¿Qué es la MENSTRUACIÓN?

El **óvulo** llega al **útero** y, si no encuentra ningún **espermatozoide**, es expulsado al exterior junto con el «colchón» que ha fabricado el útero para recibirlo. Eso es la **menstruación**, que se produce cada **28 días** aproximadamente y dura de 3 a 5 días. Es un proceso natural que indica que tu aparato reproductor está sano.

La **compresa es de un material absorbente y se pega a las braguitas.**

El **tampón se coloca en el interior de la vagina con un aplicador.**

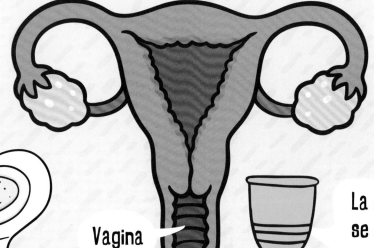

Vagina

La **copa menstrual también se coloca en la vagina y suele ser de silicona.**

# ¿Y qué es la PUBERTAD?

Con esa palabra se llama al periodo en el que empiezas a experimentar ciertos cambios que te convertirán de niño o niña en persona adulta.

### El vello

Es uno de los primeros cambios de la pubertad. Te comienza a crecer vello en las axilas y el pubis. Si eres niño, también te crecerá en la cara y el cuerpo.

### La forma del cuerpo

Es otro de los cambios más evidentes. Si eres niña, te crecerá el pecho y se ensancharán tus caderas. Si eres niño, tu cuerpo se hará más musculoso.

# ¡A CRECER!

Desde que naces, aumentas de **estatura** poco a poco, pero al llegar a la **pubertad**, ¡vaya **estirón**! Parece que de un día para otro se te queda pequeña la ropa. En este periodo crecerás hasta alcanzar casi la altura que tendrás cuando seas **mayor**. Y los pies son los que crecen más rápido.

## Los cambios en la voz

Este cambio solo te afecta si eres niño. Tu voz sonará diferente, como rajada, y a veces te saldrán «gallos». No te preocupes, porque poco a poco la voz se volverá más grave.

## Las emociones

Durante la pubertad también te cambia la forma de sentir: tienes cambios de humor repentinos, estás más sensible o nervioso, pierdes la paciencia y te enfadas a menudo con las personas que te rodean.

# ¡Granos!

Los cambios hormonales de la pubertad favorecen la aparición de granos y espinillas que se llaman acné. ¡No los toques ni intentes reventarlos!

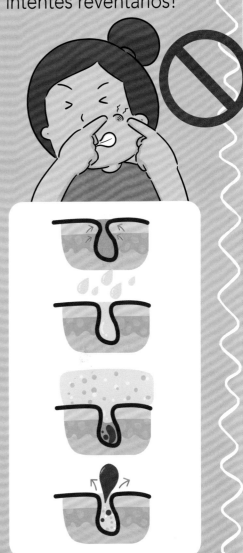

Lava la zona dos veces al día con agua templada y un jabón o una crema de limpieza especial y el grano desaparecerá.

## FECUNDACIÓN

ÓVULO

ESPERMATOZOIDE

# El EMBARAZO

¡Huy, a mamá le ha crecido la tripa! ¿Habrá comido mucho? ¡No, es que va a tener un bebé y crece dentro de ella! Para que empiece nuestra vida solo se necesitan dos células: un óvulo, que se produce en el cuerpo de mamá, y un espermatozoide, en el de papá. Cuando ambos se encuentran y se unen, se produce la fecundación y empieza a formarse un nuevo ser.

### MES 1

Se inicia la formación del sistema nervioso, el aparato digestivo y el corazón.

### MES 2

Se forman el corazón y los vasos sanguíneos y aparecen los músculos, los huesos y la cara.

### MES 3

Se desarrollan los dientes, el estómago, el hígado y los riñones, y la diferenciación del aparato reproductor. ¡Ya se escuchan los latidos de su corazón!

①  ②  ③  ④   ⑤

### MES 6

Los ojos y las huellas dactilares están desarrolladas y el feto ya abre y cierra las manos y ¡se sobresalta!

### MES 7

Los párpados se abren y se cierran y el sistema nervioso controla algunas funciones.

# Dentro de MaMÁ

Durante los primeros **7-10 días**, las dos **células iniciales** se han dividido muchas veces hasta llegar al tamaño de la cabeza de un alfiler. A los 10 días, esta pequeña célula se fija en el **útero**. Comienza el **embarazo**. A medida que el bebé crece, el útero va creciendo también para que tenga espacio. El embarazo de desarrolla en **9 meses**:

### MES 4

Comienzan poco a poco los movimientos. Su cuerpo empieza a crecer de forma más proporcionada.

### MES 5

Se desarrolla la piel, el pelo y las uñas.

**6** **7** **8** **9**

### MES 8

La grasa corporal aumenta y los pulmones realizan movimientos respiratorios.

### MES 9

El bebé está completamente desarrollado y ¡llega el momento de nacer!

# En su cuna

Dentro del útero, el bebé flota en el líquido amniótico que le protege de los golpes, le acuna y transmite el sonido de los latidos del corazón de mamá.

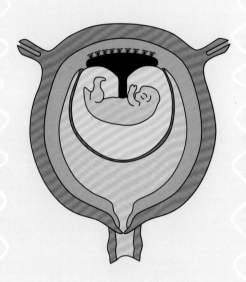

Además, está unido a ella por el cordón umbilical, a través del cual le llega el alimento y el oxígeno y se eliminan los residuos de la sangre del bebé.

# ¿A QUIÉN me PAREZCO?

Mi madre es morena con ojos negros y mi padre rubio con ojos azules. Yo tengo el pelo como mamá y los ojos como papá. ¿Por qué? Esos rasgos y muchos otros dependen de la información que lleven los **46 cromosomas** que heredas de tus padres: la mitad del **óvulo materno** y la otra mitad del **espermatozoide paterno**. Según la **información** que ellos lleven, tú te **parecerás** más a uno o a otro.

CROMOSOMAS

CADENA DE ADN

# Una carrera de 12 MESES

Durante el **primer año de vida** tu hermanito o hermanita crece y cambia muy deprisa. Obsérvale y háblale a menudo:

**De las primeras semanas a los 4 meses**: al principio solo duerme, come y llora. Poco a poco te mira cuando le hablas y ¡hasta te sonríe! No querrá quedarse solo.

**De 5 a 8 meses**: le encanta balbucear y chupa todo lo que encuentra. Poco a poco descubre sus pies y se los lleva a la boca. Empiezan a salirle los dientes de abajo. Se mantiene sentado sin ayuda y empieza a entender lo que le dices.

# ¡El primer DIENTE!

Entre los **6** y los **12 meses** de edad, hacen su aparición los **dientes**, primero los incisivos centrales inferiores y después los superiores. A los 3 años, el bebé ya suele tener todos los **dientes de leche**. ¡A morder!

De **9 a 12 meses**: empieza a gatear y, a veces, ¡a dar sus primeros pasitos! Suele decir «ma-má», «pa-pá» y te saluda con la mano. ¡También le encanta golpear objetos para hacer ruido! Comienza a andar solo y dice sus primeras palabras cortas, como «dame». Responde y le gustan las muestras de cariño y ¡cuidado, toca todo lo que encuentra!

# ¿Niño o niña?

Igual que tu altura, el color de tu pelo o el de tus ojos, los cromosomas también determinan el sexo que va a tener el nuevo bebé. El espermatozoide puede aportar un cromosoma X o uno Y. El óvulo siempre aporta cromosomas X, que portan los caracteres femeninos.

X Y
NIÑO

X X
NIÑA

# CONTENIDO

Colaboración en textos: Carmen Martul Hernández
Diseño y maquetación: Lucía Sanz Martínez
Ilustración: Archivo LIBSA, Shutterstock images

ISBN: 978-84-662-3980-6

© 2021, Editorial LIBSA, S.A.
C/ San Rafael, 4 bis, local 18
28108 Alcobendas (Madrid)
Tel.: (34) 91 657 25 80
e-mail: libsa@libsa.es
www.libsa.es